글쓴이 이경애
동덕여자대학교에서 국어국문학을 공부했으며, 출판사에서 어린이 책을 기획·편집했습니다. 주로 어린이 책을 쓰고 있습니다. 작품으로는 〈저학년 세계명작〉, 〈논술 명작〉, 〈고흐〉, 〈아르키메데스〉, 〈잔 다르크〉 등이 있습니다.

그린이 박민재
한국출판미술가협회 회원, 한국신문학인협회 이사, 아동문학인협회 회원, 어린이문화진흥회 회원입니다. 어린이들에게 글짓기와 그림을 가르치고 있습니다. 많은 창작 동화책과 교과서의 그림을 그렸습니다.

펴낸이 김준석 **펴낸곳** 교연미디어 **편집 책임** 이영규 **리라이팅** 이주혜 **디자인** 이유나 **출판등록** 제2022-000080호 **발행일** 2023년 2월 15일
주소 서울시 관악구 법원단지 16길 18 B동 304호(신림동) **전화** 010-2002-1570 **팩스** 050-4079-1570 **이메일** gyoyeonmedia@naver.com

*이 책에 실린 글과 그림의 무단 복제 및 전재를 금합니다.

【바른 삶과 인성을 깨우친 위인들】

허 준
-동의보감 이야기-

이경애 글 | 박민재 그림

대한민국

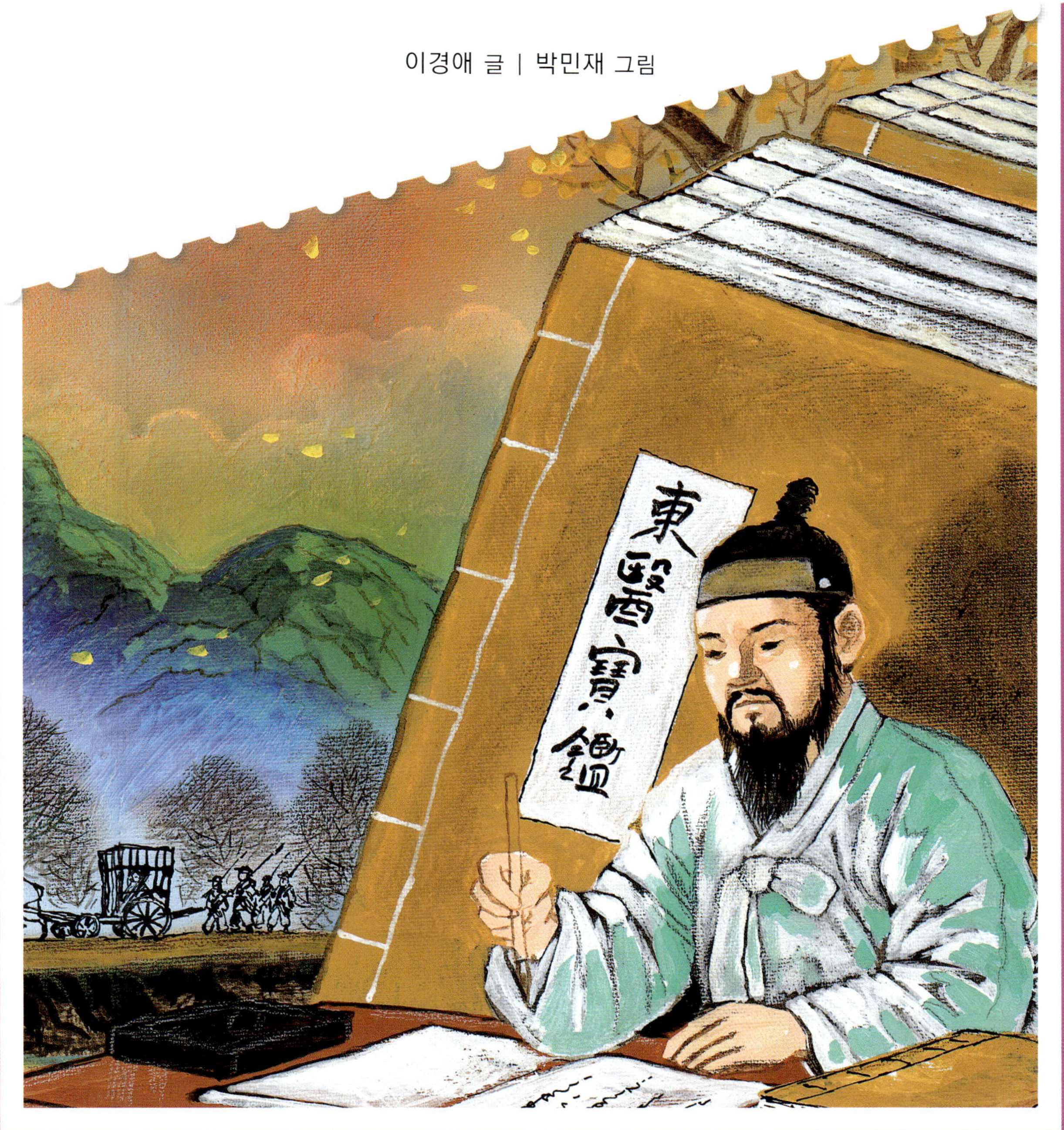

교연미디어
GYOYEON MEDIA

"준아, 잠시 들어오너라."
캄캄한 밤, 허준은 주인 나리의 부름을 받았어요.
"준아, 지금부터는 나를 아버지로 생각해도 좋다.
그리고 어머니와 함께 이곳을 떠나 자유롭게 살도록 해라."
사실 허준은 이 집 주인 나리의 아들이었어요.
하지만 허준의 어머니는 *정실 부인이 아니었기 때문에
허준 또한 아들 대접을 받지 못했답니다.

*정실은 첩이 아닌 본래의 아내를 이르는 말이에요.

허준은 어머니와 함께
경상남도 *산청으로 갔어요.
'*서자인 나는 어차피 벼슬길에
나아갈 수 없으니,
의원이 되어 아픈 사람들을
돌보며 살아야겠다.'
이렇게 결심한 허준은
자신을 가르쳐 줄 스승을 찾던 중
한 의원을 만났어요.
"저를 제자로 받아 주십시오.
반드시 훌륭한 의원이 되겠습니다."
의원은 허준의 똑똑함과 열정에
감탄하여 그를 제자로 삼았어요.

*서자는 본부인이 아닌 첩이나
 다른 여자에게서 난 아들이에요.

지리산
산청은 경상남도에 위치한 군으로, 지리산 천왕봉을 기점으로
하여 대부분 험한 산으로 둘러싸여 있어요.

허준에게 가장 먼저 주어진 일은 *약초를 캐는 것이었어요.
허준은 약초를 캐기 위해서라면
험한 곳도 마다하지 않고 달려갔어요.
좋은 약초를 알아보기 위해 공부도 열심히 했지요.
날이 갈수록 허준의 *의술도 발전하였어요.
허준은 약을 달이고 침을 놓는 등
환자를 돌보는 모든 일에 정성을 기울였답니다.

*의술은 병이나 다친 곳을 고치는 기술이에요.

약을 달이는 데 쓰이는 약탕기
약초는 질병의 치료와 예방을 위해 쓰이는 식물로,
예전에는 약탕기를 이용해 약초를 달였어요.

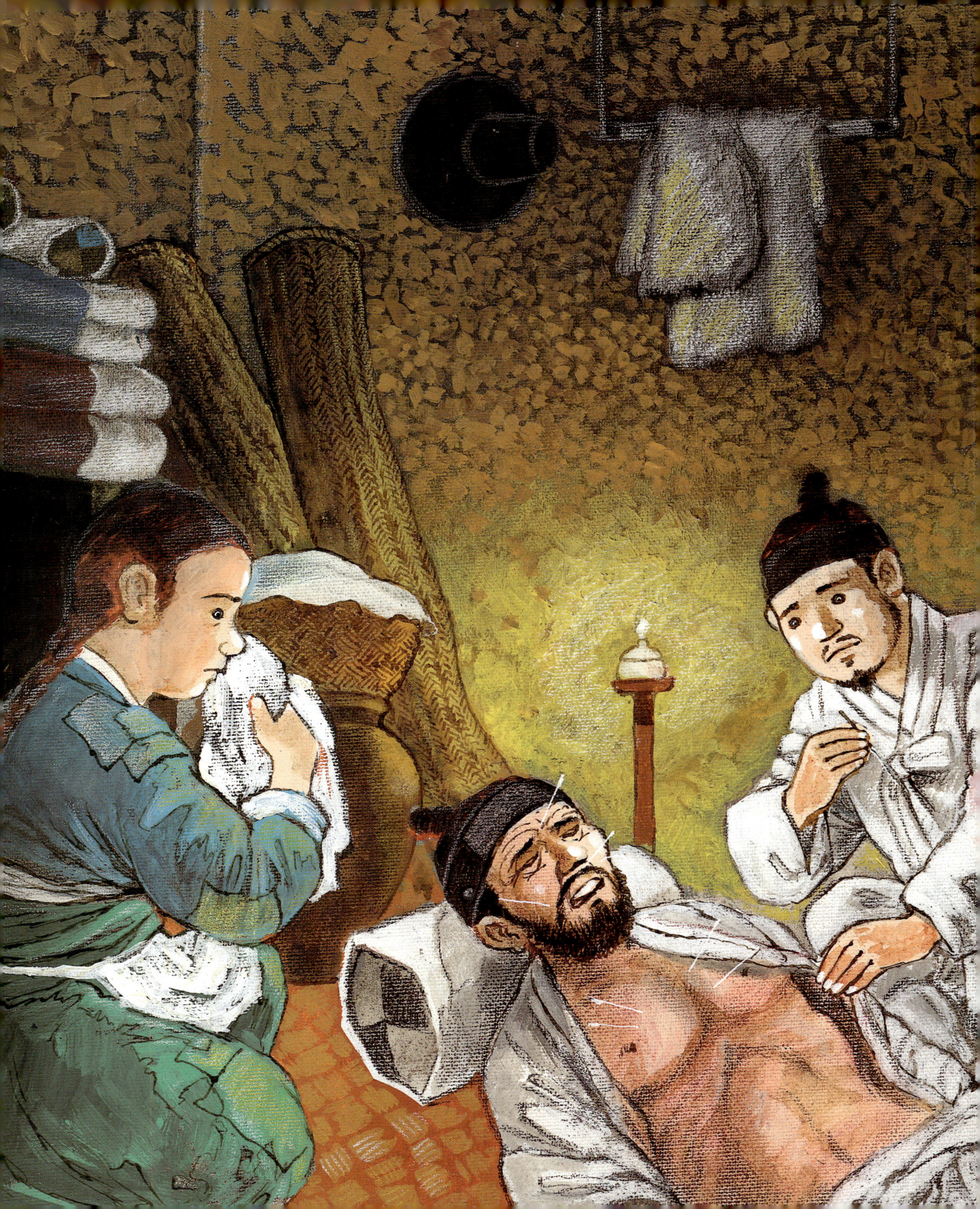

또한 허준은 병자가 있는 곳이라면 어디든지 찾아갔어요.
*양반이든 평민이든 가난한 사람이든 부자든 차별하지 않고 오직 병을 고치고 생명을 구하기 위해 애썼답니다.

양반들이 살았던 기와집(하회마을)
조선 시대 신분은 양반, 중인, 상민, 천민으로 나누어졌어요. 양반은 많은 특권을 누리며 나라를 다스리는 데 참여하였어요. 상민은 농업, 상업 등에 종사하는 보통 백성이며, 중인은 양반과 상민의 중간에 있던 신분이에요. 노비와 백정 등이 속한 천민은 가장 낮은 신분이랍니다.

어느 날, 스승님이 허준을 불러 말했어요.
"준아, *부제학 유희춘이 부인의 병을 고쳐 달라고 하니
네가 가서 치료해 보도록 해라.
네 실력이라면 충분히 할 수 있을 게다."
"네, 스승님."
허준은 곧 한성에 있는 유희춘의 집으로 갔어요.
그리고 유희춘 부인의 병을 말끔히 고쳐 주었지요.
"하하, 정말 명의로세! 자네 같은 명의는 전하 곁에 있어야 해."
허준은 유희춘의 추천을 받아 *내의원에 들어갔답니다.

*부제학은 조선 시대 홍문관에서 일했던 정3품의 관리예요.
*내의원은 조선 시대, 궁중의 의약(醫藥)에 관한 일을 맡았던 관청이에요.

허준의 실력은 어의 양예수의 가르침을 받으며 *일취월장했어요.
허준은 *구안와사에 걸린 공빈 김씨의 남동생을 낫게 하였고,
왕자였던 신성군의 목숨을 구하기도 했어요.
"너의 공이 참으로 크구나."
선조는 허준을 진심으로 아껴 주었으며,
허준의 벼슬은 점점 올라가 *당상관에 이르렀답니다.

*일취월장(日就月將)은 날로 달로 발전하거나 성장한다는 뜻의 사자성어예요.
*구안와사는 입과 눈이 한쪽으로 비뚤어지는 병이에요.
*당상관은 조선 시대, 국가의 정책을 논의할 때 당(堂) 위에 올라 앉을 수 있을 만큼의 높은 관직이에요.

1592년, 일본이 우리나라로 쳐들어왔어요.
임진왜란이 일어난 거예요.
"전하, 빨리 피하셔야 합니다."
선조와 함께 의주로 피란을 떠난 허준은
정성껏 임금님의 건강을 돌보았어요.
게다가 세자인 *광해군의 병까지 낫게 함으로써
*정2품의 벼슬을 받았어요.

*정2품은 정1품, 종1품 다음으로 높은 품계로, 오늘날의 장관급에 해당된답니다.

광해군과 그의 부인 류씨의 묘
광해군은 1608년 왕위에 올랐지만
1623년 인조반정으로 폐위되었어요.

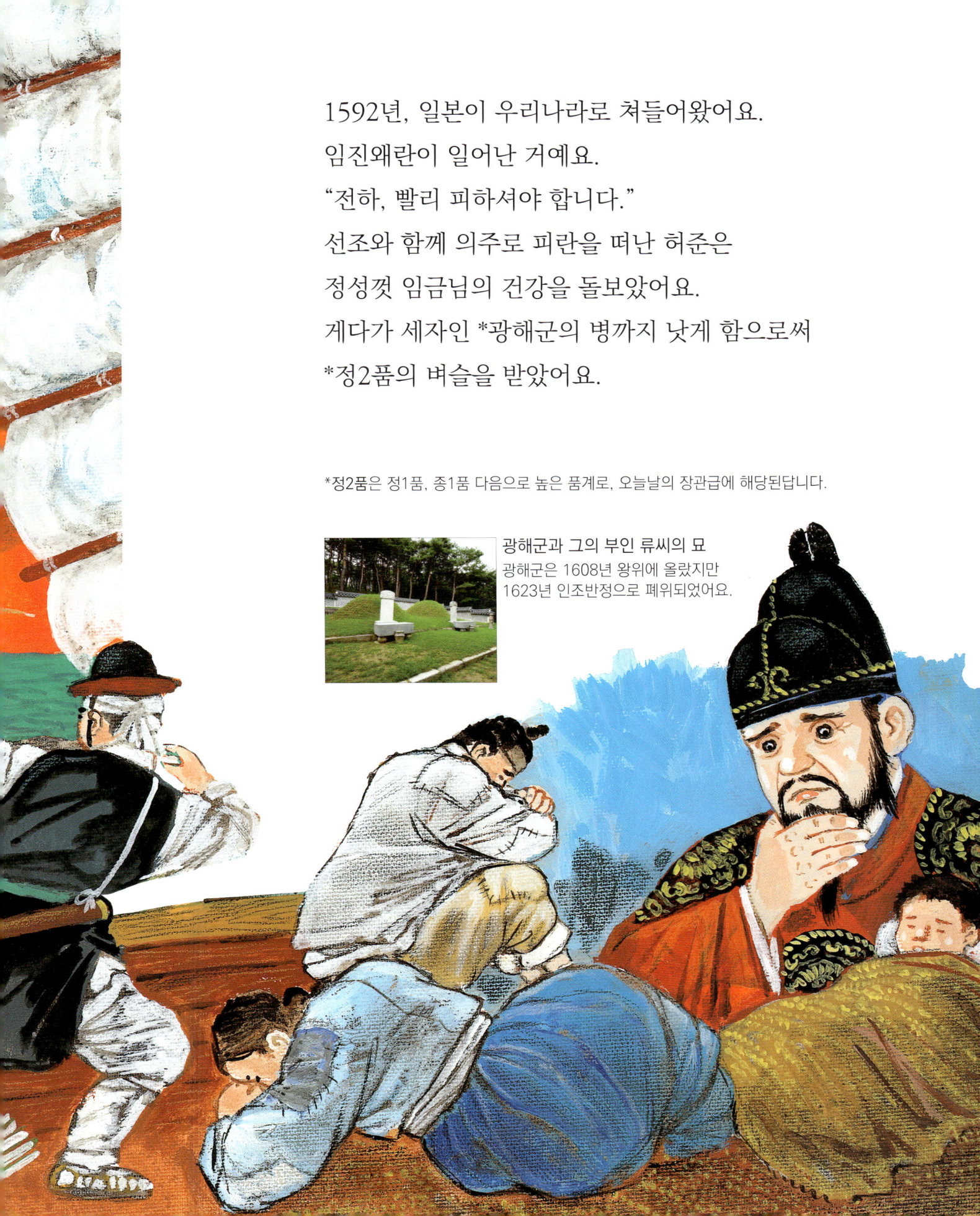

한편, 전쟁이 끝나자 나라에 *전염병이 돌기 시작했어요.
양반들은 의원에게 치료를 받았지만,
가난한 백성들은 의원을 만나는 것조차 쉽지 않았어요.
"백성들도 쉽게 볼 수 있는 *의서가 있다면 좋을 텐데……."
허준은 병에 걸려 괴로워하는 사람들을 보며 고민했어요.

*전염병은 남에게 옮기는 병이에요.
*의서는 질병의 예방과 치료 등에 대해 쓰여진 책이에요.

이러한 허준의 생각을 알아채기라도 한 듯
선조는 허준에게 백성들도 쉽게 볼 수 있는
의서를 만들라고 명하였어요.
이렇게 해서 *《동의보감》이 쓰여지기 시작했지요.
《동의보감》의 '동의(東醫)'는 동쪽, 즉 조선의 의학,
'보감(寶鑑)'은 '보배스러운 거울'이란 뜻을 가지고 있답니다.

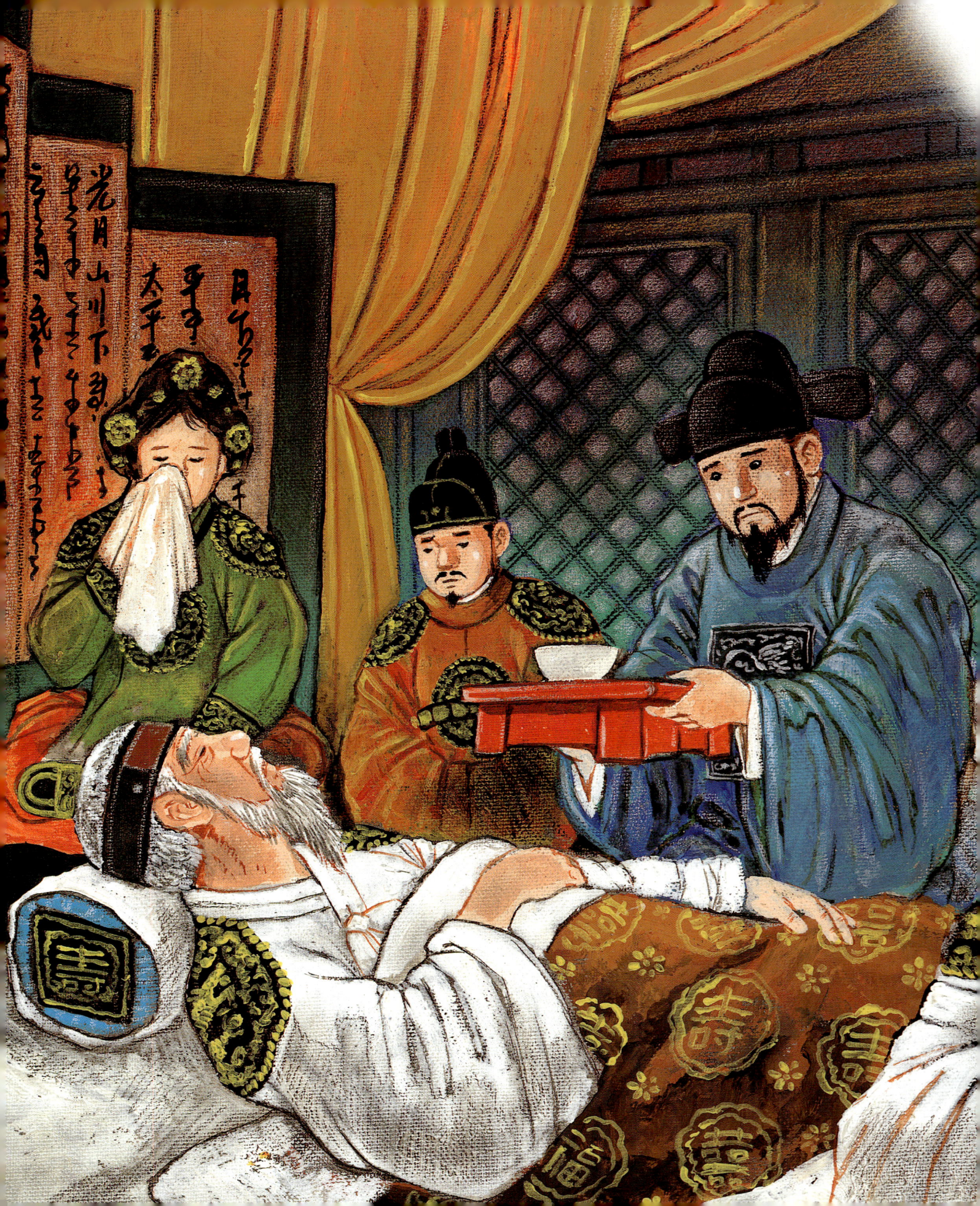

어느 날, 선조는 큰 병에 걸렸어요.
허준은 선조의 병을 고치기 위해 온 힘을 다했어요.
하지만 아무리 애를 써도 선조의 병은 잘 낫지 않았지요.
"이것은 모두 허준이 약을 잘못 썼기 때문이옵니다."
"그렇습니다. 허준에게 큰 벌을 내리셔야 합니다."
허준을 싫어하던 신하들이 선조에게 청했지만,
선조는 끝까지 허준을 믿고 기다려 주었어요.
그러다 결국 세상을 떠나고 말았답니다.

선조의 뒤를 이어 광해군이 왕이 되었어요.
"선왕께서 돌아가신 것은 허준의 탓입니다."
"맞습니다. 허준을 그대로 두시면 안 됩니다."
광해군은 신하들의 청을 물리치지 못하였고,
결국 허준은 유배를 가게 되었어요.
이후 허준은 *《동의보감》을
쓰는 일에 *몰두하였어요.
그리고 마침내 《동의보감》을 완성하였답니다.

*몰두는 어떤 일에 온 정신이나 관심을 기울여 열중하는 거예요.

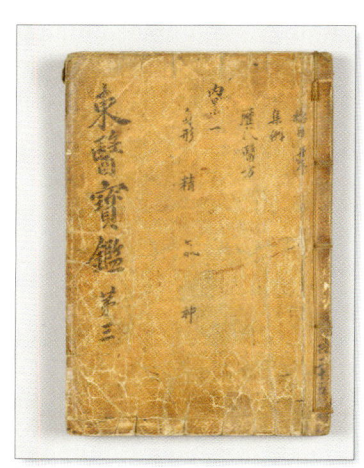

허준의 《동의보감》
《동의보감》은 허준이 중국과 조선의 의서를 집대성하여 쓴 책으로, 병의 증상과 처방 등이 알기 쉽게 정리되어 있다는 평가를 받고 있어요.

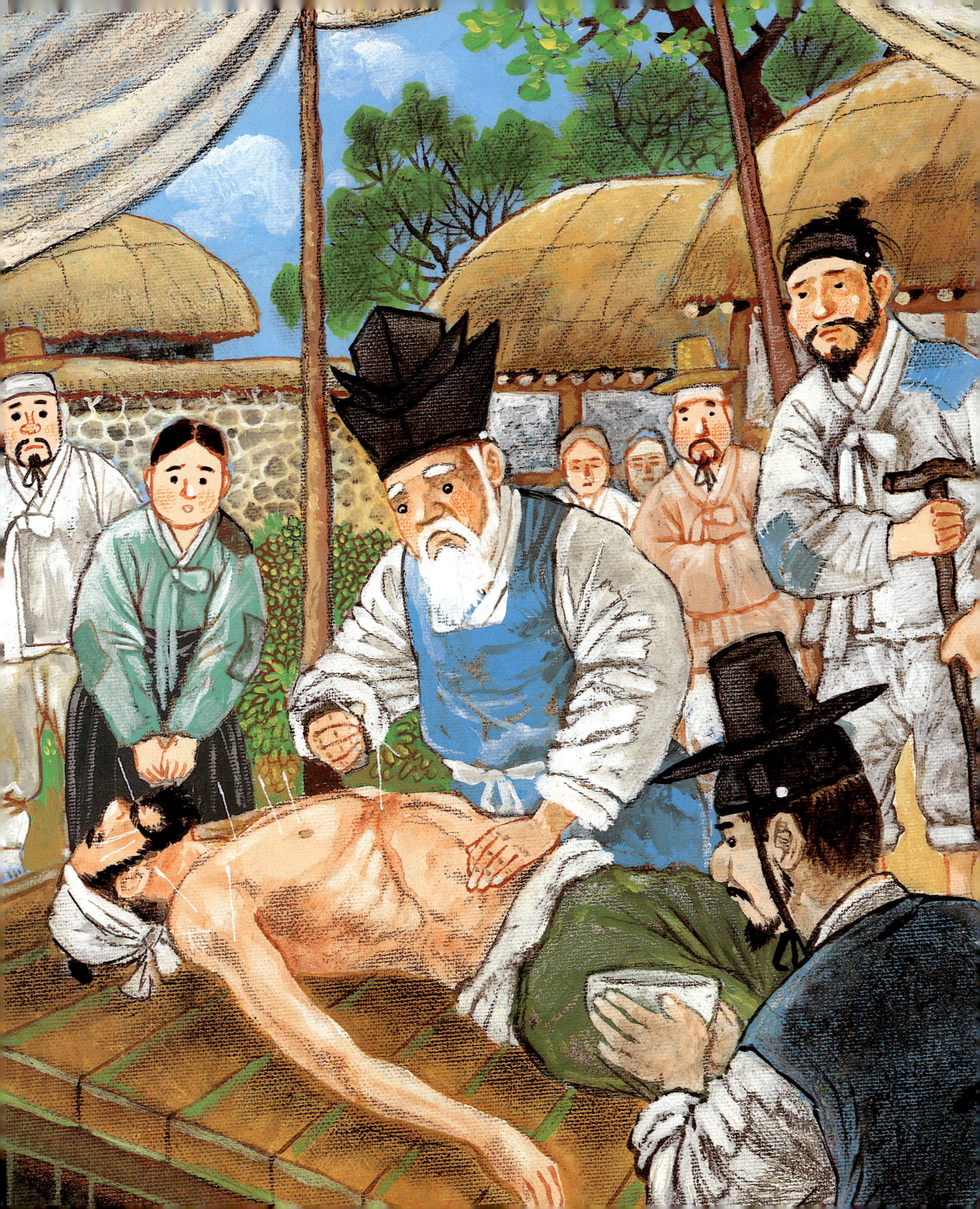

얼마 후, 허준은 궁으로 돌아와 내의원에서 일하게 되었어요.
이곳에서 제자들을 가르치고 의서를 편찬하다가 세상을 떠났지요.
뛰어난 의술로 어의가 되어 *부귀영화를 누릴 수 있었음에도
불구하고, 가난하고 아픈 백성들의 고통을 먼저 생각했던 허준.
그는 병든 이의 몸과 마음을 돌보았던 진정한 의원이었답니다.

*부귀영화(富貴榮華)는 많은 재산과 높은 지위로 누릴 수 있는
 영광스럽고 호화로운 생활이라는 뜻의 사자성어예요.

허 준

따라잡기

1537년	경기도 양천에서 태어났어요.
1569년	유희춘의 추천을 받아 내의원에 들어갔어요.
1587년	어의들과 함께 선조의 진료에 참여하여 사슴 가죽을 하사받았어요.
1592년	임진왜란이 일어나자 선조와 함께 의주로 가서 그를 돌보았어요.
1596년	광해군의 병을 치료한 공을 인정받아 정2품의 작위를 받았어요.
	선조의 명을 받아 《동의보감》을 쓰기 시작했어요.
1600년	내의원의 수의(首醫)가 되었어요.
1604년	임진왜란 때 선조를 돌본 공을 인정받아 호성공신, 양평군, 종1품 숭록대부가 되었어요.
1606년	선조의 몸을 회복시켜 정1품 작위를 하사받았으나 취소되었어요.
1608년	선조의 죽음에 책임을 지고 유배를 갔어요.
1609년	광해군의 명으로 유배에서 풀려났어요.
1610년	《동의보감》이 완성되었어요.
1613년	《동의보감》 25권 25책이 간행되었어요.
1615년	내의원에서 제자들을 가르치다가 세상을 떠났어요.
	정1품 보국숭록대부의 작위를 받았어요.

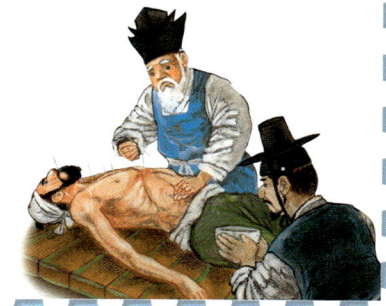

허 준

 # 연관검색

허준의 진짜 스승, 어의 양예수

양예수의 《의림촬요》

허준이 내의원에 들어갔을 당시 최고의 의관은 어의 양예수였어요. 양예수는 허준에게 자신의 의학론과 의술을 전수해 주었으며, 서자였던 허준이 신분적 제약을 극복하고 출세할 수 있도록 도움을 주었답니다.

사상의학의 대가, 이제마

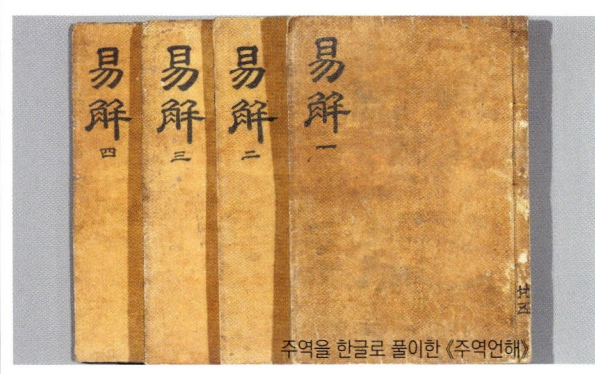

주역을 한글로 풀이한 《주역언해》

이제마는 우리나라의 사상의학을 완성한 조선 후기의 한의학자예요. '사상(四象)'이란 《주역》에 나오는 말로, 태양(太陽)·태음(太陰)·소양(少陽)·소음(少陰)을 의미해요. 이제마는 사상을 기초로 하여 사람의 체질을 태양인·태음인·소양인·소음인으로 구분하였어요. 이를 바탕으로 체질에 따라 음식을 달리 먹어야 하며, 질병에 대한 처방도 달라져야 한다고 주장하였지요. 대표적인 저서로는 《동의수세보원》이 있답니다.

동양 의학의 보배로운 거울, 허준의 《동의보감》

《동의보감》

허준이 선조의 명을 받아 완성한 《동의보감》은 당시 대부분의 의학 지식을 참고하여 쓰여진 임상의학의 백과사전이라고 할 수 있어요. 《동의보감》의 특징은 크게 다음과 같이 나누어 볼 수 있어요. 첫째, 병의 치료보다는 예방을 중요하게 여겼어요. 둘째, 알기 쉽게 정리해 놓았어요. 셋째, 주위에서 쉽게 구할 수 있는 약초를 중심으로 저술하였어요. 이러한 이유로 《동의보감》은 우리나라 한방의학의 발전에 큰 영향을 끼쳤을 뿐만 아니라, 일본과 청나라에서도 간행될 만큼 높이 평가되었답니다. 2009년 유네스코 세계기록유산으로 등재되었어요.

PHOTO ALBUM

허준의 초상

왕족의 진료를 맡아 보던 내의원(창덕궁 내)

허준이 약초를 캐러 다녔다는 지리산

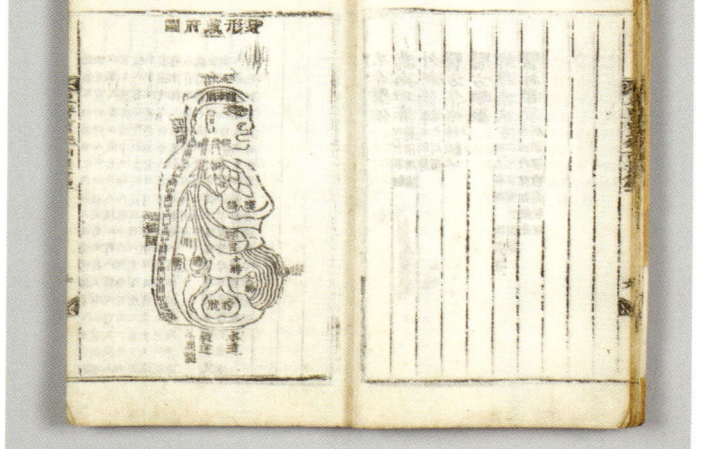

허준의 《동의보감》

허준

사진첩

구암공원에 있는 허준의 동상

허준을 기리기 위해 세운 구암공원

허준의 묘표(이름 등을 새긴 비석)

경기도 파주에 있는 허준과 그의 부인의 묘

 **L**eadership　　 **M**entoring